Rita Del Noce

NON MI PRENDO SUL SERIO. SONO LEGGERA

PREFAZIONE

Siamo in un flusso costante di cambiamento. Sentirsi tesserina di un disegno gigantesco che coincide con l'invisibile mi fa sentire orchestrata con me stessa, con chi mi circonda, con il mondo attorno, persino con i sassi ed è da questa armonia che si sprigiona la leggerezza.

E prendere la vita con leggerezza d'animo, maggiore spensieratezza, significa essere in grado di sopraelevarmi dalle malignità e dalle realtà inquinanti del mondo.

È la nostra purezza a portarci in alto.

Abbiamo bisogno di leggerezza in un mondo sempre più cupo, contaminato da catastrofi e difficoltà, bombardati da notizie agghiaccianti, da rabbie che macchiano le nostre vite.

Anche se oggi per un artista è sempre più difficile riuscire a togliere peso alla rappresentazione della realtà, è soprattutto questo il suo compito.

Ho scritto questi versi durante il primo lockdown prendendo consapevolezza che ciò che ho fatto, da sempre in maniera naturale e senza sapere perché, è quello che ha reso leggera la mia vita e che è diventato una filosofia di vita. Scrivere poesie.

La parola si fa anch'essa leggera e dà essenzialità al verso che mi fa accogliere la vita per quello che è senza perdermi nei meandri del capire a tutti i costi.

Né il volgermi alla leggerezza della poesia vuole essere una fuga nel sogno o nell'irrazionale trovando rassicurazione nel riannodarmi al filo antico della storia della poesia, quando Lucrezio scrive il poema della materia, ma ci avverte che il vuoto è altrettanto concreto come i corpi solidi. A Ovidio, quando dimostra che la leggerezza è qualcosa che si crea nella scrittura della poesia a prescindere dalla dottrina scientifica o epicurea. O ancora alla poesia di Cavalcanti quando il poeta-filosofo si solleva sulla pesantezza del mondo dimostrando che è la sua gravità a contenere il segreto della leggerezza. Alla melanconia shakespeariana che altro non è che la trasformazione della tristezza in leggerezza. Alla poesia di Cyrano de Bergerac che introduce l'atomismo nella letteratura moderna, sino a Leopardi che conferisce alla felicità così difficile da raggiungere, immagini di leggerezza.

E la stessa scienza non ci dimostra forse che a reggere il mondo sono entità leggerissime come le sillabe per la poesia?

Rita Del Noce

"La vita è troppo importante per essere presa seriamente."
(Oscar Wilde)

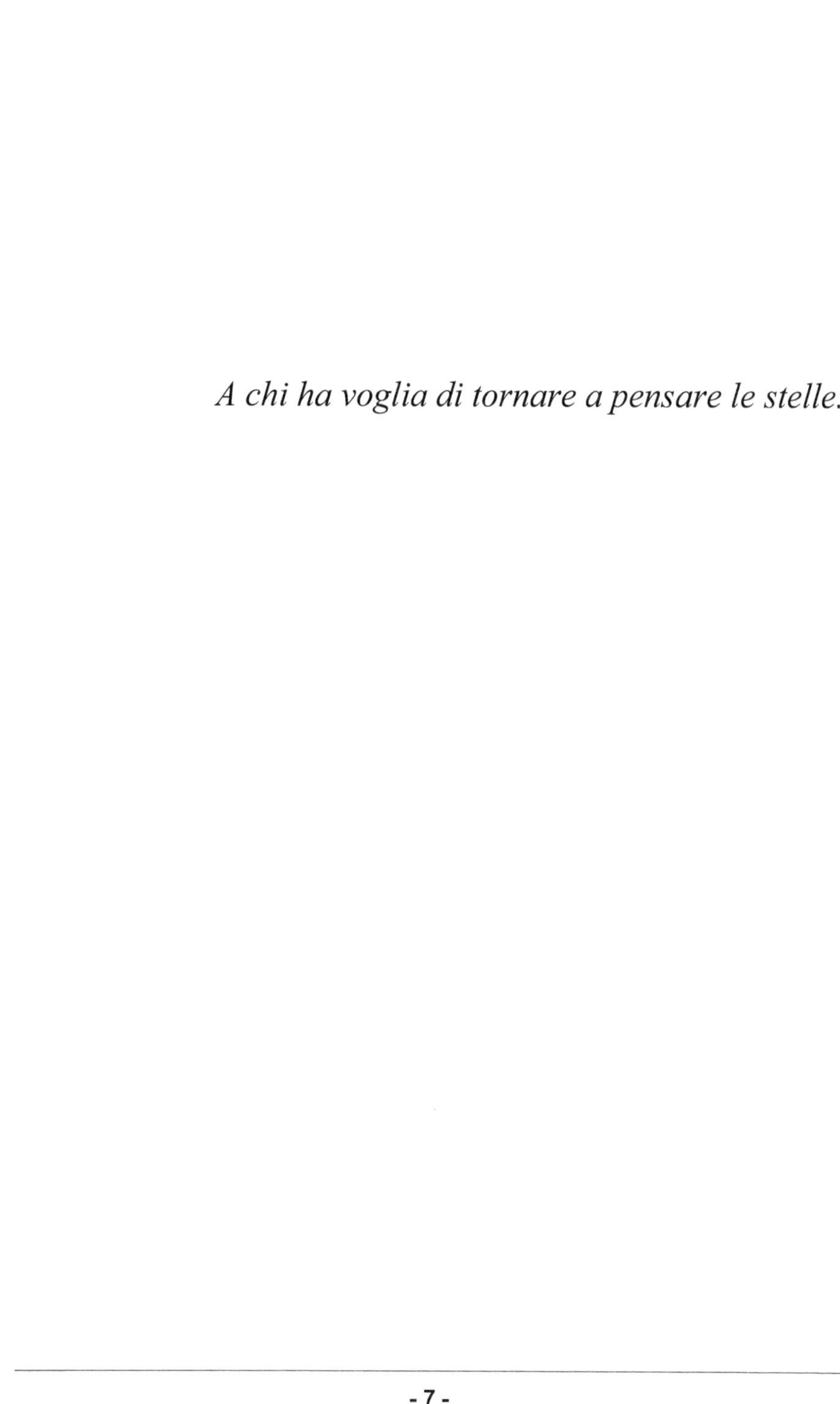

A chi ha voglia di tornare a pensare le stelle.

NON MI PRENDO SUL SERIO

Sono leggera.
Non mi prendo sul serio.
Compongo versi.
Raccolgo parole di stagione
ma anche fuori tempo.
Ordinate e scompigliate.
Parole mescolate come un'insalata.
Parole ricercate o quelle sole e abbandonate.
Parole senza casa e disorientate.
Parole confortate.
Parole frullate di frutti a chilometro zero
ma anche affettate, unte, sbriciolate, insipide, mielate o
a volte troppo salate.

SONO LEGGERA

Sono leggera
per sottrazioni di me
vado
e delle pietre della strada
e delle parole del libro
per stelle m'inerpico
dietro al cavallo alato
mentre il cannone
spara canzoni e dei poeti
i versi
e a cacciare la cipria
a rincorrere quell'ali
l'alitar del vento
la fiammella
l'aria
a sciogliere i gas
l'atmosfera dare alla pressione
il la per il concerto
l'acqua
staccare la pellicola
e risalire nei canali sottili
dei messaggi del DNA
impulsi di neuroni, quarks,
neutrini, software, bits
che spinta danno ai circuiti
a piegare le macchine di ferro
a riannodare l'antico filo
il vuoto

separa e libera l'evitabile
dall'inevitabile deviazioni
imprevedibili tra il tutto e il niente.

A COGLIERE PIETRE COME FIORI

E fra il verde
colgo pietre come fiori
come padre è il tronco
lo abbraccio
sbriciolo odori fra le dita
mi pungo di vita
di verde mi trasformo
una corteccia mi attraversa
ho a capelli foglie.

A COLMARE IL VUOTO

A colmare
il vuoto fra me
e te il niente
delle mie parole
pronte
ad entrare in scena
sul palcoscenico
dei giorni
e tu spettatore
a riprenderne
il senso.

A NOSTRA MEMORIA

Brandelli di voci
a non dimenticare
delle ferite la resilienza
senza diritti
e di gemiti strozzate
né narrazione certa
né film sfuocato
tra caos grigio
può porsi a ricordo
se non c'è nostra
la memoria.

A PIEDI NUDI

A piedi nudi
vado
per i vicoli dell'anima
odo
il respiro del cuore.

A SCORRERE LEGGERI

Quei granelli di sabbia
a scorrere leggeri
a disegnare
sogni.

ABBIAMO BISOGNO

Abbiamo bisogno della luce
che s'intrecci ai nostri corpi
abbiamo bisogno di aria
per essere leggeri
abbiamo bisogno dei vecchi
per continuare il cammino
abbiamo bisogno dei bambini
per poter sognare
abbiamo bisogno di alberi
abbiamo bisogno di carta
abbiamo bisogno di parole
e di donne e di uomini
che il cuore pensi
che la mente comprenda
che le braccia accolgano
che con la terra s'impastino.

ADESSO CHE I GIORNI

Adesso che i giorni d'aria e di luce
sono misurati con il cucchiaino
adesso che con la penna rossa
sono segnati i me con i te
adesso che le sere sono appiccicate
con una puntina alla parete
so che oltre l'alba il sole c'è.

ADESSO CHE SIAMO INSIEME

Adesso che siamo insieme distanti
che l'immagine rispecchia la deformità
cerco la cura per l'anormalità
se normale è avere per casa
lo spazio di un'auto da adesivi segnato
a parete sbarre da violenza rinforzate
a tempo quello di guerre non fermate
a ospite solo il desiderato
natura, animale,
uomo che mi cammina accanto.

ADESSO È

Adesso
è
Vita.

ADESSO

Adesso che il tempo
del tempo si è spogliato
adesso che ai gesti il cuore si lega
adesso che a parlare è lo sguardo
adesso che ci separano i luoghi
è tempo di attraversare le stanze segrete.

AI CORPI SOLITARI

Più non mi stacco da quei corpi solitari
che levarono al giorno l'ultima voce
rendendo maceria il corpo e morti
la terra, il mare, il sole, la luna e le stelle assieme
pietrificati i gemiti
né a conforto lo stringere la mano
e la mia tesa adesso a memoria ha immagini
naufragate le parole in un porto non raggiunto
ad ancorare la vita.
Mai sofferenza si fa più grande in chi resta
per chi scomparso riempie ancora di pensieri
il vuoto e corpi straziati dal distacco come foglie
dal loro ramo e dalla madre terra.
E per voi voglio essere il giorno vergine e l'aurora
in un tempo che muto è.
Si fa naufragio. E vuoto resta l'orizzonte.

ALL'IMMAGINAZIONE IL RESTO

Viandanti scomparsi
palazzi ad armadi
cupole come tazze capovolte
parchi messi sottochiave
vie e piazze abbandonate
all'immaginazione il resto.

AMORE PANDEMICO

Mai
amore
di spirito
è
più fisico.

ANCHE SE

Anche se fragile
con il volto di rughe
scolpito
la voce stonata e rauca
canto si fa
per l'inno alla vita
e bella
mi faccio odorosa di luna
illuminata di sole
vestita di mare e con me
parole
come confetti di sposa
ali dorate si fanno.

PELLE ARSA

Pelle arsa
invano lenita
il mare di fuoco
anch'esso
schiumeggia.
Finto inebriare.
Il cuore
l'onda di vita
sorregge infranta
allo scoglio.
Attendo
il ritorno.

BALLATA D'AMORE

Nel volteggiare della gonna
s'annida il mio amore
e la luna e le stelle assieme.
Prego quel treno
che come lampo arrivi d'amore
ad asciugar le lacrime.
Nelle gocce di queste lacrime si specchia
nel cerchio d'oro lo leggo impresso.
Né triste vuole essere il mio amore
che non è una volta sola
ma tutte le volte di me e di te.
Adesso ho polvere sul cuore
né bastano le parole a levarla.
Il tempo lo chiami a sé il mio amore
nella gioia e nel dolore
nel suono e nel rumore
nel verde del prato e nel deserto
nel volteggiare della gonna dove s'annida
e la luna e le stelle assieme.
Che farò lontano dal mio amore
che anche se lontano
non si fa dimenticare.
Ne sento il profumo
m'inebrio della sua armonia
e nessun vento può portarmelo via.
Più passa il tempo più sento l'arsura
alle stelle ho levato il mio amore
che come fiume al mare a te torna.

Né tutta l'acqua del mare
o dell'oceano può portarmelo via.
Sa di piccole cose il mio amore
di lacrimucce e baci nascosti
strette improvvise
pensieri scoccati.
Si nutre d'aria e di sole il mio amore
di una rassicurazione
di un ti amo che fugge mentre lo dici
che entra come la luce
che vola dentro l'aria
e ti fa sentire piccolo
come una scarda di sole.
È come un alito di vento nella calura il mio amore
un sorriso che s'apre al giorno
e il sapore mastica della vita
l'arco delle braccia quando l'accoglie.
Porta per me un fiore non bianco come le nuvole
rosso, è rosso il fiore del mio amore
lo poggerò sopra il cuore
alla fonte lo andrò ad abbeverare
dei suoi petali braccia d'amore ne farò.
Né dell'argento della luna
né dell'oro del sole voglio essere ricca
se non del mio amore.

CAMMINO IN PUNTA DI PIEDI

Cammino
in punta di piedi
in questa notte
che non voglio svegliarla
già troppo buio
mi è entrato nell'anima
e il corpo
sanguina ancora di ferite
mai rimarginate
per chi sagoma
si è fatto, incartapestita,
e carovane di ricordi
percorrono il mio deserto
in cerca di un punto
dove aspettare sera
a raccontarsi.
Affacciata al parapetto
senza panorama a guardare
un cielo senza occhi
aspetto l'alba del giorno dopo
e in cerca di facce consolatrici
come uccello
covo il dolore in cerca di mani
che aprano la fabbrica
di fiocchi di neve
mentre il dolore graffia
e la voglia di fuggire punge
ma so che il passaggio
nel deserto è obbligato.

CAPIRE COSA

Della vita
capire cosa
che è
una boccata
d'aria
alla finestra.
E poi si chiude.

C'è sempre

C'è sempre una strada
acciottolata di pensieri
e legnosi amici ad attendere
come robivecchi
dei giorni che son dietro
a prendere il resto.
Il niente rimane.

C'è sempre una strada
acciottolata di pensieri

C'È UN LUOGO

C'è un luogo di pochi passi
e voci distende nei silenzi
lascia ascoltare il battere d'ali
a scandire l'ore
quando ci ritorno
ho in mano poche cose.
Bastano.

CI SONO COSE

Ci sono cose
che la mente
spiegare non sa
il cuore accoglie.
Muto parla.

COME BALLERINA

E mi danzano attorno
le foglie austere
sui loro rami invitano
all'abbraccio il tronco
secolare alla terra
avvinghiato m'invita
a danzargli attorno
come ballerina.

COME L'APE

Ho bisogno di te
come l'ape
ha bisogno del fiore.

COME POESIA

E quest'amore
come la neve pesa.
La punta di matita sul foglio
lo disegna. Come poesia.

CONNESSA ALLA STESSA ONDA TERRESTRE

Connessa alla stessa onda terrestre
con un dio che dà carne all'agire
so che niente di questo mondo
m'appartiene e gli atomi
della mia carcassa s'agitano.

CONOSCO QUEL SORRISO

Conosco quel sorriso
che come sole illumina
i ghiacciai scioglie
del cuore e apre a cerchio
braccia capaci di contenere
il buio ed è amore
di me e te, di noi
quando trabocca per vie e piazze
cavalca monti e s'insinua
negli angoli dei giorni
come uccello in migrazione
si ferma a nidificare. Il cuore
è pronto alla cova.

COSA

Cosa brilla da quella parte
ausculto il cielo.
E sotto un cielo buio
a riscoprire il mondo
da esiliante il ritorno
ai luoghi, alla gente.

DATEMI UNA PIAZZA

Datemi una piazza
avrò il coraggio per essere felice
cerco nutrimento per i miei sogni
e non voglio perdere tempo
adesso che so
che la vita finisce voglio
proteggere un fiume
un lago, un bosco senza moduli
da riempire, codici e documenti
digitali da aprire.
La vita e la morte
insieme mi ricordano
raggiungibile
ad abbracciare quelli che hanno
e quelli che no, chi può
e chi non può liberi tutti
a lasciare un segno
a ricercare uno spazio
come si cerca
l'acqua e il pane.

Come stelle che all'improvviso
di miliardi di volte
s'illuminano
m'illumini
eccedente anche tu d'esplosione.
E leggera vola la canzone.

Come stelle che all'improvviso
di miliardi di volte
s'illuminano
m'illumini
eccedente anche tu d'esplosione.
E leggera vola la canzone.

È TUTTA MIA LA CITTÀ

42

È tutta mia la città
la guardo, la tocco, l'ascolto
torno a giocare
con la mia città.
Vedo la sua grandezza
scopro la sua profondità
ascolto il suo battito
lontana dal fracasso dei suoi pensieri
dagli spifferi delle sue vie
dall'asfissia dei suoi contrasti.
È tutta mia la città
ho da sussurrarle parole al cuore.

SONO. SIAMO.

Ed io seduta a guardare il cielo
sono
nel vuoto a raccogliere i pezzi
di luoghi e segni di voi
che come teneri steli
al vento sconosciuto
a sventolare bandiere
siete.
E noi a raccoglierne i colori
a costruire la casa comune
mai troppo piccolo il cielo
sotto il suo tetto
siamo.

EFFETTO SMARRIMENTO

Fra parole come note
immagini per pensieri
mi smarrisco
per ritrovarci
noi.

ESERCIZI DI VITA

Respiro profondo
sino a toccare il fondo
impulsi d'aria entrano
escono molecole di vita
un sorriso
una lacrima
un tocco di sole
una carezza di luna
un abbraccio
ed è poesia.

FINE DELL'ADOLESCENZA

Neanche il tempo di voltarti
e ti cambiano i pensieri
fantasia muta
t'accompagna
fra insidie la rubi
temi l'inganno.

FRA CERCHI E PUNTI

Fra cerchi metropolitani
e punti di borghi
a viatico il cuore.

Fra cerchi metropolitani
e punti di borghi
a viatico il cuore.

FRA ME E TE

48

Fra me e te
la poesia
come fra il mare
e l'orizzonte
l'onda.

Fra me e te
la poesia
come fra il mare
e l'orizzonte
l'onda.

FRA SILENZI

Fra silenzi
odo di vita
suoni fragili
scrosci di campane
di fontanelle i segni
e di amici animali voci
che dal passato
al presente mai ascoltati
risuonano.

FUORI RUOLO

Amo denudarmi
dei ruoli
amo separarmi
dall'indifferenza
amo i rapporti multipli
dell'accoglienza
amo l'intolleranza
alla guerra
amo non indignarmi
ma trovare soluzioni
amo sporcarmi le mani
sono nei giorni
come seme nella terra.

GABBIANI

51

Gabbiani
fiondano
tozzi di pane
su mani legnose
a capanna.

GLI OCCHI

Quando gli occhi si chiudono
restano di pietra i cuori.

Quando gli occhi si chiudono
restano di pietra i cuori.

GUARDARE ANCORA IL CIELO

Guardare ancora il cielo
a scorgere stelle
che son venute giù tutte
le stelle
e sanguinano ancora
le stelle.

HO CONOSCIUTO IL MARE

54

La perdita
come un palloncino che ti vola via
mi ha fatto conoscere il mare
e la sua immensità.

La perdita
come un palloncino che ti vola via
mi ha fatto conoscere il mare
e la sua immensità.

HO VISTO

Ho visto una casa spezzata
restare in piedi cammelli
attraversare un deserto di fuoco
e un bambino incappucciato
imbracciare un arnese da lavoro.
Ho visto cavalli
non trovare la via confusa
da impronte di auto
e un bambino
imbracciare un fucile.
Ho visto un aereo
attraversare mura
e un bambino
puntarsi un'arma alla tempia.
Ho visto una mucca
scontrarsi con un carro armato
un'anatra galleggiare in un mare nero
e bambini
traballare all'appendice di un carro armato.
Ho visto un carro armato
ignorare i passi spenti di un uomo
e due bambini
riuscire a dondolarsi
al suo albero maestro.
Ancora.

HO VOGLIA DI RIMETTERMI LE SCARPE

Fra corpi sospesi e anime malate di desiderio
ho voglia di rimettermi le scarpe
seguire i passi fra le vie mute
indifferente di me rincorre l'alba il tramonto
sempre la luna la sua sera, il sole il giorno
e io torno a vestire di sguardi le piazze
a disegnare con gli occhi il mare
a rincorrere un abbraccio.

I SILENZI

57

I silenzi parlano
e i granelli disegnano sogni.

I silenzi parlano
e i granelli disegnano sogni.

I VECCHI

Qualche sorriso
lasciano scivolare
i vecchi
raccolgono parole
sparse
fra mercanzie di poco
sbocconcellando morsetti
mischiati
a pensieri dolci. Anch'essi.

I VICOLI

Reticoli di pietre
mi fissano
ai lati sbriciolate
le loro ombre
inseguono di luce
miraggi nel buio
come punta di coltello
incidono sagome.

IL MARE CHE BAGNA LA MIA CITTÀ

Il mare che bagna la mia città
mare di acqua e di luce immaginata
di nuvole in viaggio
di panni stesi e arte sparsa
di fame e fede
di voci volanti e gesti posati
di sguardi spalancati
di porte aperte
di vicoli contaminati
di segni e sogni
mare di verità.

IL MARE PARLA A TUTTI

Il mare parla a tutti
non tutti l'ascoltano.
Ed è guerra.

IL MIO SORRISO ALLA VITA

Lascio piovere sul prato
le ferite del tempo adesso
sorrido a me e a tutti lo regalo
il mio sorriso. Resta il dono
quello più bello
che ho ricevuto dalla vita.

IL MOVIMENTO DELLA VITA

63

Giù su
dentro fuori
dell'altalena
della vita
colgo il ritmo.
Vivo.

Giù su
dentro fuori

IL NEMICO INVISIBILE

Il nemico invisibile
del corpo dei nostri giorni
si nutre
travalica confini
attraversa spazi
supera barriere.
E noi figli del Mondo
siamo
alle nostre mura abbarbicati
sacchi su sacchi a rinforzo
di regole la mente si veste
di ciò che a controllo resta
a uscire
s'impegna dal solito noi
dallo stesso me
e chiedere mi fa
chi ha il controllo
o è il mandante
degli incerti giorni
nuovi nei passi.

IL RESTO DI NIENTE

Dammi quel niente
quel poco di niente
quel resto di niente
quel niente di niente
che non vale niente
che non sai che farne
che non dice niente.

IL SOLE E LA LUNA

Il sole morde
il giorno già arso.
Di vita ingordigia
d'amore segno.
Mentre la luna
in una notte di costiera
insegna ad amare.

IL SOLE, LO STESSO

Sole sono con te
nell'essenzialità delle tue rette
che per terre lontane
mi conducono e per mari
di onde stridenti
che musica si fanno
per dita che sulla tastiera
scorrono fra primitivi fuochi
di occhi inconsapevoli.
Ad attendermi nubi
che come gregge al suo pastore
mi riportano a parlate
asciutte d'essenziale.
Il sole, lo stesso.

IL TUO SOGNO

Se ti dicono
sei grande
per sognare
prendi per mano
il tuo sogno
e continua
a camminare
lascialo accanto
ai tuoi giorni
portalo nel tuo cuore
è pronto a decollare
il tuo sogno.

IN CERTE NOTTI

In certe notti si srotolano parole
sentite, ascoltate, dette, perse,
accumulate, nascoste, osate,
mai dette, resilienti, astenute,
dominate, mascherate,
possono avere sapore di sacrificio,
solitudine, di giuste distanze.
Altre avanzano a far cadere veli
da peni, vagine , occhi, menti
e ad inondare piazze
come cafoni con in mano la forca
a rivendicare la loro terra.
Amore, desiderio, penetrazione ,
movimento, primavera, audacia,
vicinanza, futuro, respiro, squilibrio.
La mente è ora senza mappe.
Senza freni il cuore.
Finalmente folle.

IN QUEL MARE DI VERDE

In quel mare di verde
e cuori di pietra
braccia umane
a travolgere l'idillio
fra una babele d'uccelli
l'aria si sbilancia.
Muta resta.

IN UN CIELO MUTATO DI COLORE

In un cielo
mutato di colore
lanciano missive
i gabbiani
come in una bottiglia
a nuotare fra l'onde.

IN UN UNICO SORRISO

Accucciolati
in un unico sorriso
s'allarga a farci posto
il cuore.

Accucciolati
in un unico sorriso
s'allarga a farci posto
il cuore.

IN UNA CITTÀ RESA SCHELETRO

In una città resa scheletro
senza più la nostra carne
in un tempo senza più tempo
restano ad attenderci
increduli
vie senza più impronte
e mari liberi di respirare
e pallide statue
e fili d'erba all'acciottolato.

IO E IL MARE

Il rumore del mare
tocca la mia terra
come cantastorie l'ascolto
quando dei suoi abitanti
e pure del dolore degli intrusi
mi racconta. Conosco
i suoi balli di saltelli
sul bagnasciuga o tango
spudorato ad accorciar l'arenile.
Mare misterioso nell'onda
anche quando solo una natica
lascia scoperta. Mi basta
a cogliere ritmo e umore.
Come due innamorati.

L'ALTRA PROSPETTIVA

75

Quando c'è
l'altra
prospettiva
ogni respiro
trova di vita
il suo spiraglio.

L'UOMO OVUNQUE COMUNQUE

L'uomo ovunque comunque folle
tentazione per alieni intraprendenti
quando spezza il filo che congiunge
opposti istinti e cieco lo rende
a riconoscere la trama fra dritto
e rovescio di una vita senza ombre
e chiaroscuri, positivi e negativi.
Saprà riportarsi a giusta temperatura
che abbassa quella incandescente
di consumi mentre alza quella
che i sapori congela. Il dubbio
forte mi assale. Permane.

L'UNICA SELEZIONE

77

L'unica
selezione
possibile
raccogliere
cuori.
Come conchiglie
ascolto il suono.

LA TERRA CHE NOME NON HA

Sono sulla terra
che nome non ha
e non è terra di nessuno
non ci sono confini
è una terra
che nome non ha
e non è terra di nessuno.
Il linguaggio è miscelato
con cifrario codificato
ed è una terra
che nome non ha
e non è terra di nessuno.
Leggi e divieti
non ci sono
niente proibizioni
né pubblicazioni
è una terra
che nome non ha
e non è terra di nessuno.
È terra dell'essere
che il vivere ha detto
essere umana.

LA LEGGEREZZA DEL BUIO

Si accende il buio
di nuova luce
e al cuore rivela
ciò che di giorno
all'occhio sfugge.

Si accende il buio
di nuova luce
e al cuore rivela
ciò che di giorno
all'occhio sfugge.

LA LEGGEREZZA DEL RIENTRO

Mi regalo in prima fila lo spettacolo
del loro rientro. Come se all'unisono
avvertissero di una sirena il fischio
a fermare le mani operose
o la campanella alla lezione.
In un unico battere d'ali
per un inno al tramonto
poi lo scomparire
nell'abbraccio di quel verde. Tutti
ad aspettare con le ali ripiegate e spente
la carezza del mondo.
Ed è sera.

LA LEGGEREZZA DELL'ABBANDONO

Quell'amore
che leggera mi faceva
di demone ha ora la veste
credere si fa una fola.
Quell'amore di vita intensa
che spazio dava alla casa degli anni
adesso manichino è di vita contraria.
Illusa, m'illude.
Quell'amore
che della danza aveva il movimento
come casa senza pareti
volteggiava in un valzer di vita
e di stare insieme in un unico pensiero
nell'agitato sentire, motore si faceva
altre movenze inventando
e la musica a battere il tempo
di nuove canzoni e dalla rozza umanità
a simbolo ci elevava degli amanti tutti.
Quell'amore adesso è
chiuso in un inesplorato regno
dove signore avaro sei
e residui di sentimento lasci
a disperdersi come cenere.
A eco e conforto parole
che non comprendo.
Difficile è l'abbandono
comprendere non posso
lo spegnimento d'animo

incompiuto e mai lapidato.
Quell'amore si fa pietra
e senza ragione si spegne.
M'illudo che si senta il rumore
suo che imbriglia il sorriso
e alla penombra nega luce.
M'illudi. Ed io illusa. "Sei qua".
Il batter d'ali rincorro
lasciando me imprigionata
nella ricerca esasperata
di una pretesa che vana si fa.
Ogni leggerezza disfa il letto
dove per gioco si va a morire
e dove alla vita hai chiuso gli occhi.
M'illudi. Illusa a trovare il sipario
levato della recita vera.
Sotto le palpebre come specchio infranto
cerco la luce nelle crepe
e non più nell'immagine di me e di te.
Alla ricerca vado dell'onda gravitazionale
di una equazione nuova d'amore
dove energia sta a velocità
da comparare alla diversa velocità di vita.
Forzare il buco nero che montagna invalicabile
si fa del nostro cuore. Fra silenzi spaziali
stringere mi faccio da uno spazio senza confini
da un tempo dilatato senza più stagioni.
Prende forma l'immenso e la pietra
si fa leggera così ora l'abbandono.
Il demone anche.
Il crocifisso pulisce il suo sangue

che scivola lavato dal dolore.
E se tempo c'è stato per la paura
un tempo c'è per vederla passare
come un tempo per tornare a sperare
affondando le mani a sentire
le unghie traballanti nella carne sino al cuore
per un mondo che risorge a bandiera. Tutti stranieri
profughi di sé a ricercare nell'altro
la terra dell'amore disperso. E come Perseo
ai venti e alle nuvole lo sguardo spinge
non al volto della Gorgone ma all'immagine
riflessa nello scudo di bronzo
che terra d'amore si fa e sottrazione
al divenir di pietra e toglie peso
alle figure umane, alle terrene terre.

LA NEVE SI SCIOGLIE

La neve si scioglie
e io a guardare la terra
come madre un figlio.

La neve si scioglie
e io a guardare la terra
come madre un figlio.

LA POESIA È

La poesia è
volo d'uccello
nel cielo del cuore
le parole
come uccelli
che ognuno lo spazio
trova sull'albero
il verso come musica
fra me e te
a colmare il vuoto.

LA TERRA D'INVERNO

La terra d'inverno fa la pelle
per non morire di freddo
come i vecchi le rughe.

La terra d'inverno fa la pelle
per non morire di freddo
come i vecchi le rughe.

LASCIAMI ENTRARE

Lasciami entrare nella tua aiuola
non basta coltivare i fiori
è bello scambiarli.
Ho imparato a guardare lontano
e anche molto vicino
dove spuntano i tuoi fiori.

LE MIE RUGHE

Non voglio farle scomparire
le mie rughe
come delle parole
i segni.
Voglio che la vita le riconosca.
Sono i versi più belli.

LE PAROLE

Quando le parole
come lame feriscono
rispetto e dignità
tagliano.
Accolgono
i silenzi.
Comprendono.

Quando le parole
come lame feriscono
rispetto e dignità
tagliano.

LENTO RIPRENDE IL RESPIRO

Lento riprende il respiro il giorno
fra ore supine
che la luce catturano
fra le fessure e la fiamma
bruciata di caffè mentre rilascia
lo speaker parole
che urtano con la voce degli uccelli
che musica si fa e la mente fagocita
sull'avanzare del giorno.
Adesso c'è troppa luce
per essere anarchica.

MARE SOLO

Mare solo
Di fronte a te
m'immagino
e la linea d'orizzonte
si schiude ad accogliere
altra gente di diverse terre
e differente cielo
uguali l'acque
che rive vicine bagna
fra punti cardinali invertiti
e odo l'eco di suoni
anomali di guerre e sangue
di gente che urla alla deriva
fra l'onda che alta si fa
a riportare disperati
e noi a squarciare l'abbraccio
protettivo del proprio golfo
pronti alla sfida dell'orizzonte
dove la forza delle utopie
scioglie gli antichi grumi.

MELODIA RITROVATA

92

Melodia ritrovata
nel violino di pace
fra figlio e padre
tra note stonate
di folli canzoni
di lezioni mai prese
per concerti mai eseguiti
se non nei meandri del cuore
e ritrovati fra le corde di violino
negli accordi d'amore.

MI PERDO

Mi perdo
di tanto in tanto
lascio sospeso
il mondo e sguardi
come corpi celesti
a roteare. Il mio
a ritrovare.

MI SONO RITROVATA

Ho perso mia madre
ho perso mio padre
li ho ritrovati dentro
mi sono ritrovata.

MI SONO RITROVATA

MILLE UNO

95

Mille e mille uno personaggi
mi camminano a fianco
il passo tengono con la mia anima
che sorge e tramonta
senza meta assieme
ai sogni senza tempo
e siamo donne, siamo uomini
l'unica cosa per cui siamo nati
niente di più.

NEL MARE DELL'OBLIO

E scendo
nel mare
dell'oblio
dimentico
del mondo
mi tuffo
a capofitto
e cerco
di toccare
il fondo.
Mi adagio
sprofondo
e sempre più
si allontana
il mondo
che come palla
rimbalza
e più non avanza
pensiero
che ad esso mi leghi.
Solo sono
in questi abissi
e più non odo
parole
o umani echi.
Come nave
la mia carcassa
si cala

aspettando curiosa
un pensiero
che dall'oblio la levi
e nel porto della vita
la riconduca.

NEL RUMOREGGIARE DELLE PAROLE

Cerco la leggerezza nel rumoreggiare delle parole.
Vanno impavide senza limiti né geografie.
Aprono il varco a cuori arsi o di fogliame traboccanti.
Alle radici si ritrovano.

NEL TEMPO DI TUTTI I TEMPI

Nel tempo di tutti i tempi
ogni cosa ha il suo tempo
il noce partorisce il frutto
il fiore chiama
con il suo profumo.

NON ME LA LEVO DALLA MENTE

In quei giorni di silenzi ammantati
e di luoghi allontanati
che all'immaginazione si aprono
non me la levavo dalla mente
la mia città. Sola.
Come in un abbandono
amoroso a chiedermi perché
perché sono mute le vie
e le piazze solitarie
soli gli dei e gli eroi
tra il verde e i leoni
accucciati come sfinge.

NON MI RASSEGNO

Non mi rassegno
non posso ripiegarmi nel silenzio
dell'incomunicabilità
la parte bassa, nascosta, sverginata
attende qualcosa che non arriva
non fa disporre della vita
né riappropriarmi del destino
vivo per isole di vita.

NON PENSARMI CERTA

Non pensarmi certa
considerami di passaggio
pensami leggera
come la nuvola passeggera
come l'onda del mare
come la foglia che si distacca dall'albero
come l'uccello che si vibra in volo.
Prova a levare le pietre che affondano il cuore
prova a cambiare pensiero
ad aprire i pugni chiusi
a non essere il tuo involontario carnefice
a non lasciare che l'apparenza
ricopra il reale.
Impariamo a danzare la realtà
lasciamo che sia poesia.

NON SUCCEDE NIENTE

Non succede niente
in questo mare
si vive per sottrazione.
Non succede niente
in questo mare
il mio volto
è di solchi segnato
e di occhi
che rubano il blu.
Non succede niente
in questo mare
il cuore galleggia
e sull'onde si lascia baciare
da voli di gabbiani.
Non succede niente
in questo mare
un cane e una donna danzano
togliendo ogni confine al mare.
Non succede niente
in questo mare
una barca si fa vicina
porta a riva, cuori.

NON VOLTARTI

Non voltarti
il soffio delle parole
già ti raggiunge
assieme la mia poesia.
Eccomi. Sono qua.

Nuvole sciolte
stamani
come i miei pensieri
liberi.

ODE ALLA ROSA

Delicata e austera si fa tremula la rosa
quando l'onda segue
del vento assieme al suo fogliame
anch'essa comincia il ballo di stagione
che muta terra e cielo.
Lo sa il cantore della terra
quando a maestro per semina e attesa
prende il tempo
che l'ha perso chi nell'affanno rincorre
ore allineate come birilli sotto un cielo
sempre lo stesso. Non per la rosa.
E chi sa cogliere la rosa
a regalo riceve della sua bellezza
il tempo di colori fermi e di odori.

OGGI 4 MAGGIO 2020

Quei giorni gonfi di luce
che il varco aprono ad altri
e altri ancora imbacuccati
di cose da fare, vestiti di volti
incroci di vie acciottolati di passi
poi imbocco quella che ha croci
per alberi. Rallento.
D'un tratto troppa morte
spaesa mentre la paura avanza
a farle fronte. E cerco chi c'è
senza consumare passi
mentre il dolore ingabbia
il sogno di vita resiste
cauto riprende il suo respiro
oggi 4 maggio 2020.

OGNUNO È SOLO

Ognuno è solo
ad abbracciare la terra
con sguardo a orizzonte
e braccia a cerchio.

OGNUNO STA A RINCORRERE QUALCOSA

Ognuno sta a rincorrere qualcosa.
Io stasera il volo d'uccelli.
Il cielo si anima. Anch'io.

PADRONI DEL MONDO

Pensavamo di essere padroni del mondo
nascondendoci dietro parole mute
silenzi senza più il loro dio
e affondare le mani nel cuore della terra
a sradicare le zolle
violentarne l'azzurro fra onde anomale
infrante su scogli di gomma
e tagliare la gola ad amici secolari
senza contare i loro cerchi concentrici
che davano riparo a tante ali schiuse
mentre si sottraevano a spazi liquidi
i letti per innalzare altari di cemento
e sciogliere il sangue dei ghiacciai
serrare confini con serrande squarciate
dalla paura e dalla fame pronti
a gonfiare le vie delle città per rendere
asfittiche quelle di paese
e recitare fili d'erba senza il palcoscenico
del prato e senza attori di fiori e d'api.
Adesso che c'è lo spartiacque
nel tempo e noi abitanti non abusivi
nel nostro io adesso che possiamo
racchiudere in uno sguardo il mondo
con il mondo possiamo riprendere
il respiro. Insieme.

PAROLA DI POESIA

Da oggi
la mia poesia
non ha parole
se non le vostre.

PAROLA DI POESIA

Da oggi
la mia poesia
non ha parole
se non le vostre.

PER CHI, PER COSA (alle vittime innocenti di guerra)

Lampi come fuochi di festa
polvere nera
che in cielo disegna la morte
fra silenzi di grida segnate.
Come in un cimitero di bambole
mummie allineate fra adii
per un sonno che non ha risvegli.
Per chi, per cosa
senza prezzo è il loro gioco
né tutto l'oro del mondo lo paga
né tutto il cielo
che pur la terra accoglie
può sostenerlo.

PER ESSERE LIBERI

E non ci resta
che il silenzio
per essere liberi.

E non ci resta
che il silenzio
per essere liberi.

PER I MORTI DI QUESTO TEMPO

E più non li scordo quei cuori solitari
che la voce oscurata hanno
la terra e il mare inabissati
in una indurita cecità e pietrificati
i gemiti né a conforto mio
lo stringere la mano e la mia
vanamente tesa mentre la memoria
non svolge che immagini e rende nulle
le parole in un porto non raggiunto
ad ancorare la vita e mai sofferenza
è adesso più grande in chi resta
per chi scomparso ha ancora vivi
gli occhi e riempie di pensieri
la stanza adesso che solo in sogno
potremo stringervi e baciarvi
che il tempo parole mute lascia.
Nelle ossa scende ora un vento
che con sé porta l'anime partite.
E voglio essere per voi il giorno vergine
e l'aurora in un tempo stremato.
Si fa naufragio. E vuoto è l'orizzonte.

PER SCRIVERE D'AMORE

Sono un poeta
cerco parole
per scrivere d'amore
cerco nell'alfabeto
per combinarle le lettere
appassionate d'amore
come i baci
imprimerle sul foglio
ma le lettere
più non le trovo
quelle dell'amore
son tutte volate via
sopra da quella nuvola
mi fanno gli sberleffi.
Poi arrivi tu
che sei il mio specchio
ed io il tuo per te
vediamo l'infinito.
E in quell'infinito tutto
è racchiuso.
Lettere più non servono.

PIÙ RIUSCIRÒ A VIVERE

Più dimenticanza avrò
più riuscirò a vivere
più semi riuscirò
a mettere fra la terra
più vicina sarò
a chi vi giace
più fiori spunteranno
nel mio giardino
più riuscirò
a ricongiungermi
al mondo.

POCHE LE PAROLE

117

E sono rimaste
poche le parole
senza molti spazi
a capanna il cuore.

E sono rimaste
poche le parole
senza molti spazi
a capanna il cuore.

POESIA D'AMORE

Ho trovato per via
la mia poesia d'amore.
In un angolo di periferia
accartocciata
in uno scomparto di treno
abbandonata
nel fondo del bicchiere
in quella gattabuia
di un cuore disperato.
Ho colto le parole
ho sciorinato i versi
ho fatto mio lo sguardo
e il suo dolore
insieme abbiamo pianto
cercando un sorriso
il pane ho condiviso
duro dell'amore.

POESIA DI LEGGEREZZA

Poesia
di leggerezza
di emozioni
non taciute
di licenze
che mi fanno
disobbediente
a scardinare
il mio io
arroccato
e nuda
mi offro
alla vita.

PORTAMI LASSÙ

Portami lassù
dove l'aria s'intreccia con i piedi.
Di lassù il mare è ancora più bello
lo sguardo tutto lo racchiude.
Un giaciglio è il nostro altare
mentre le labbra come nuvole
s'inseguono.
Le dita sui nostri corpi suonano
il do centrale come su una tastiera
in smoking. Il tempo lento
nei gesti ci avvolge.
Ci travolge.
È bello restare aggrappata a te
come al fianco della montagna
che guarda il mare.

PRELUDIO D'AUTUNNO

Cicaleggiano le foglie
nel loro verde arroccate
il colore
attendono mutare.
Riprende il vento la sua sinfonia
le foglie
come d'oro gli zecchini
cominciano a luccicare.

PRENDO QUESTO TEMPO

Prendo questo tempo
non cerco piattaforme
né avanzate strategie
più di un centimetro
non mi sposteranno.
Cerco dentro e percorro
senza coach o psicologi
né da note stonate
mi faccio motivare
per prove di eremitaggi
mi alleno a salire sul ramo
tiro fuori dal cassetto
l'inimmaginabile
ne prendo possesso
scavo con le mani
cerco e ancora cerco
sino a farmi male
sino a sentire traballare
le unghie sino a tirare
fuori il cuore sino
a sprofondarci dentro
gli occhi senza strettoie
né legacci lo metto a nudo
il cuore. Eccolo
a trofeo è tutto quello
che gli altri vogliono.

QUANDO

Quando
spezzano cuori
raccoglila la vita
quando
spengono la speranza
accendila più forte
quando
pensieri disonesti
uccidono il sorriso
non smettere di sorridere
quando
la via si stringe
soffocando i respiri
urla il tuo grido
quando
mani nere stringono
la libertà sbandierala
quando
senza padroni è la dignità
non indignarti
solo
agisci.

QUANDO MI VIENI INCONTRO

Quando mi vieni incontro
con i tuoi occhi
con i miei spazio ti faccio
che altri ne riassume di sguardi
e di parole altre.

QUANDO

Quando il tempo del buio
sarà cessato e rinchiuso
il vaso di Pandora torneremo
ad assaporare il tempo della vita
gelosi di minuti e ore
che a comporre le ore andranno
della rinascita e impressi
resteranno i segni dell'umana follia
a ognuno ad afferrare della speranza
l'essenza prima che fugga dalle dita.
Come volo d'uccello.

QUATTRO CASE

Quattro case o poco più.
Come striscio di serpe
la via si perde e l'anima
fra passi inesistenti
resta depositaria
del passato.
Punge il sole i vetri
qualche panno a bandiera
e due scarponcini.
Scrosci sotterranei
rincorrono silenzi
di fumo qualche rotolo
sale fra brandelli di vita.

QUELLO CHE RESTA

E sono rimaste
poche
le parole
fra gli spazi
a capanna
un cuore.

QUESTA POESIA NON È PIÙ MIA

Questa poesia non è più mia
ho spezzato le parole
ho separato le consonanti dalle vocali
ho tolto punti e virgole
interrogativi ed esclamativi
ho smontato l'impalcatura
nomade sono dell'anima.
Spente sono le immagini e
come carcasse arrugginite
ho frantumi di parole
dietro frammenti d'aria
a ricomporsi cercano il guizzo
di chi la legge la poesia.
Tra i righi gli spazi lasciatemi
a colmare il vuoto fra me e te.

RICONGIUNGERMI AL MONDO

Più dimenticanza avrò
più riuscirò a vivere
più semi metterò fra la terra
più vicina sarò a chi vi giace
più fiori spunteranno
più riuscirò a ricongiungermi al mondo.

RIUSCIREMO

Riusciremo
a guardarci dentro
a lasciare
che tutto brilli
assieme al diverso
a essere nulla.

Riusciremo
a guardarci dentro
a lasciare

SAPRÒ RICONOSCERMI

Saprò riconoscermi
fra musulmani, cristiani, atei
al cielo invoco la preghiera
il mio mondo fisico
quello visibile a tutti
più non mi basta
torno piccolo
a guardare il cielo.
Saprò non tradirmi
riuscirò a illuminare
la via maestra
ad essa iniziarmi
a trovare cemento
ad innalzare pilastri
e perdono al traditore.

SCOMMETTO SULLA VITA

Adesso che il silenzio è padrone
fra immagini che ci fagocitano
all'ombra di lacerazioni
che non danno conforto
all'ultimo saluto.
Adesso che anche Dio è solo.
Scommetto sulla vita
che il domani è già oggi.

SE RIUSCIRÒ A DIMENTICARE

Se riuscirò a dimenticare
ho capito il mondo.

Servono le lacrime
a pulire il mondo.

SIAMO UMANI

Siamo umani
che nessuno osi
sentirsi mai un dio.
Mai.
Siamo umani.

Siamo umani
che nessuno osi
sentirsi mai un dio.

SO CHE SONO

Dimentico
chi sono stato
cosa sarò non so
so che sono.

Dimentico
chi sono stato
cosa sarò non so
so che sono.

SONO. SIAMO.

Mentre il visibile
sfugge e anche l'altro
a me stessa occulto
in un mondo
che guardo come profugo
dalla fessura della stiva
anch'io clandestino
mi affaccio a nuova libertà.
Sono. Siamo.

STARE INSIEME

Stare insieme
fra le contraddizioni
della normalità
chi sommerso
chi salvato
braccia separate
corpi a distanza
senza numeri
le parole
senza gabbie
la libertà.

SULL'ISOLA DESERTA

Sull'isola deserta
sono
fra voci spente
mani mute
occhi sognanti
cuori parlanti.
Sull'isola deserta
sono
cerco abitanti.
L'isola ha nome
la mia solitudine.

TEMPO SPECIALE

Tempo speciale
questo
che sventra pagine
contamina corpi
e alitando di vita
la porta
m'apre alla follia
del colore del mondo
mi fascina
parole non trovo
né suoni gutturali
ad esprimere l'enigma
che m'avvolge
mentre dall'antica unità
mi stacca.
A te mi porta.

TOLGO LA MASCHERA

Tolgo la maschera
lascio nudo il sorriso
anche quando il sole
brucia la terra
quando la cattiveria
mi prende
quando mi dicono
che nessuno mi salverà
che non ci sono vinti
né sconfitti e io sorrido
invece di non lottare
quando mi accorgo
che senza gli altri
non sono niente
quando non ho successo
e sono felice lo stesso
quando i desideri
non si realizzano
e continuo a desiderare
quando mi accorgo
che esiste il perdono
e cedo al suo sguardo.

TORNANDO A CASA

142

Tornando a casa
ho posato gli occhi
su quella sedia
non ti hanno trovato
ti hanno cercato
nel fondo del cuore.
C'eri.

TORNARE A PENSARE LE STELLE

Quasi fosse passata
la sarabanda della peste
alla mia porta uncinata
a silenzi imbavagliati
rivendico il mio giorno
normale con la porta
aperta a incontrare
il tuo volto sfiorare
seguire lo sguardo
guardare insieme
l'orizzonte tornare
a pensare le stelle.

TORNEREMO A BACIARE

Fra luci complici
e silenzi silenziosi
nel cuore non trovo parole
se non il rumore dei baci
e torneremo a baciare.

TRABOCCA

Ho dato tanto amore
che ogni tanto trabocca
come un verso di poesia
che a te torna.

TRAMONTO A CITARA

Seduto in prima fila
come ospite d'onore
presto gli occhi
a consumato attore
che prova dà di sé
quando la luce spande
e di colore splende
sul palcoscenico del mare
e alla luna lascia
calare il sipario.
Attendo la replica.

TUTTI PROFUGHI

147

Tutti profughi
emigranti dalla nascita
la voglia di tornare
resta.

QUANDO HAI UN AMORE NEL CUORE

Quando hai un amore nel cuore
è dolce risvegliarsi ad abbracciare il giorno.
Sarà sempre un bel giorno
a cantare la canzone dell'abbraccio
come per il navigante cogliere l'onda.

IL VICOLO

Il vicolo al gioco s'offre
in quel battere piccolo di piedi
da voci e sussulti attraversato
accoglie alle sue
anche spalle d'innamorati
ma quando
espropriato è del primitivo gioco
soccombe a quello di morte.

Il vicolo al gioco s'offre
in quel battere piccolo di piedi
da voci e sussulti attraversato

VERRÁ LA MORTE

Quando verrà la morte
non voglio che mi colga
senza nessuna sorte.
Ospite d'onore dalla porta principale
la farò entrare al mio desco
la farò sedere e senza spaventarmi
del viaggio da affrontare
penserò che sia il migliore.

VOGLIO CAPIRE

Me a punto di partenza
chi sta di fronte
voglio capire
percorrere i suoi gesti
come lo scorrere d'acqua
fra ciottoli
in una terra di parti
riassunte e sottratte
insieme
per non cedere il passo
a terre indifferenti
chi salvi o chi passa il varco
non sia l'estrema scelta
in un mondo di limiti
lascio che non restino
comparse rifugiati e nomadi
nell'agorà della non indifferenza
a scambiarci energie
come i bambini
morsetti di merenda.

E VOLA VIA

Se qualcuno vuole stracciare il tuo cuore
riporre in una busta le impronte della tua vita
mettere sotto chiave i tuoi sogni
e dire che sei viva
raccogli i resti.
Afferra il tuo cuore.
E vola via.

VOLEVO FARE LA BALLERINA

Volevo fare la ballerina
e mi sono ritrovata a danzare su un foglio
assieme alle parole a volteggiare
a frantumare l'acciaio
dei miei pensieri
che sul palcoscenico mi trascinano
della vita per collisione di stelle
generato e mi ritrovo
la mente snodata
dal sentire e dalle emozioni
mi punto e m'impunto su punte
come un astronauta issato nello spazio
a volteggiare parole
inconsistenti di peso
e di misura prive.
Caronte si fanno nel mare del niente
a traghettarmi mentre la musica m'assale
e m'accompagna
a ritrovare il padre mio
sole e madre luna
e sorelle stelle.

VORREI AVERE CERTEZZE

Vorrei mettere in colonna
le parole fare la prova
avere certezze
ma la vita nulla ha di certo
come la corda dal funambolo
si lascia attraversare
che lo sguardo mena più in là
a scorgere del mistero l'oltre.

Ringraziamenti

Ringrazio la casa editrice WritersEditor nella persona di Cristian Segnalini, la caporedattore Isa Pistoia, e la responsabile per le pubbliche relazioni Marylin Santonelli, per aver creduto in me e aver reso possibile la pubblicazione del mio libro con loro.

Ringrazio la Giuria che ha valutato positivamente il mio lavoro.

Un grazie speciale infine all'autore della copertina, l'artist designer Paolo Sapio.

Biografia

Rita Del Noce, nata a Napoli, è poetessa anche in lingua napoletana, saggista e narratrice. Fra i premi, due Unesco e la targa di "La Nazione" per un articolo sulla condizione della donna.

Ha lavorato come cronista e articolista, ideato e redatto pagine d'informazione per bambini. Pubblica una guida, sempre per bambini, alla città di Campobasso dove ha insegnato.

Nel 2018 pubblica *Sogno Napoletano*, un viaggio per la sua città assieme ad uno scrittore napoletano, spirito-guida.

Nel 2019 pubblica *Il tuo sguardo, l'orizzonte*, versi incentrati sui migranti e sul Mediterraneo; già nel 2018, Premio Autori per l'Europa e a Napoli nel 2019, Premio Miradois.

I suoi versi sono musicati in Spagna dalla cantautrice Sivia Phoe; altri versi, tradotti in lingua madrilena per la Scuola d'Arte Alma Sorolla, sono premiati a Napoli dall'Accademia Imago nel 2021.

Per la salvaguardia del linguaggio poetico del bambino stila un manifesto oltre una tesi e un progetto per valorizzare la sua potenzialità cognitiva e comunicativa.

Insignita "Poeta di pace" dal Centro Dantesco lunigianese.

Invitata dall'Associazione Poeti Metropolitani a scrivere in lingua napoletana sulla via dei pastori a Napoli, suoi versi sono nell'agenda-libro 2022 *'O cunto*.

www.shopwriterseditor.it
direzionewriterseditor@gmail.com

Copyright©WritersEditor 2022

Finito di stampare nel mese di Marzo 2022
per **WritersEditor** – Roma

- 162 -